Ostsee
Rostock
Schwerin
Stettin
Oder
Neuruppin
Elbe
Berlin
Magdeburg
Frankfurt
nach Prag
Cottbus

Till Eulenspiegel

Lizenzausgabe für die Büchergilde Gutenberg,
Frankfurt am Main und Wien,
mit freundlicher Genehmigung der
Ravensburger Buchverlag Otto Maier GmbH

Gesamtgestaltung: Reinhard Schubert,
Frankfurt am Main
Redaktion: Gisela Stottele
Printed in Germany 1992
ISBN 3 7632 4076 4

Till Eulenspiegel

Das Leben des
listigen Schalks, Wortewenders,
Genauhinguckers

neu erzählt
von Karlhans Frank
gemalt
von Renate Seelig

Büchergilde Gutenberg

Inhalt

„Du bist ja ein richtiger kleiner Till Eulenspiegel."
„Bill Keulenziegel? Will Beulenriegel?"
„Till Eulenspiegel!"
„Was ist denn das für einer, dieser Till Eulenspiegel?"
„Till Eulenspiegel war ein Wörterwurstler und Wortewender,
ein lustiger Schlingel und listiger Schalk,
ein lästiges Schlitzohr noch dazu.
Er war Genauhingucker und Zwischentonhörer,
ein bißchen durchtriebener Narr und ein bißchen pfiffiger Clown.
Till liebte die hochnäsigen Herrschaften nicht
und spielte ihnen bunte Streiche."
„Erzähle mir von Till."

1 Till Eulenspiegel wurde vor über sechshundert Jahren geboren. Seine Eltern waren einfache Bauern. Aber gefreut haben sie sich so sehr, als Till zur Welt kam, daß sie zu seiner Taufe ein Fest veranstalteten. In der Kirche hielt die Patin den winzigen Till übers Taufbecken. Der Pfarrer schöpfte mit der hohlen Hand kaltes Wasser über Tills Kopf. Das gefiel ihm nicht. Er öffnete den Mund – nicht um zu schreien, wie es andere Kleinkinder getan hätten. Nein! Er sammelte Wasser im Mund. Und dann prustete er es dem Herrn Pfarrer aufs Beffchen. Da lachte die Taufgesellschaft herzlich. Von der Kirche zog die Festgesellschaft ins Wirtshaus. Die Patin legte den Till auf einer Bank ab, trank mit den anderen Bier und Wein. Als nach Stunden alle auf dem Heimweg sangen, fragte plötzlich der Vater: „Wo ist Till, mein neugeborener Sohn?“ Es stellte sich heraus, daß man ihn im Wirtshaus hatte liegenlassen. Die Patin eilte zurück, doch schon auf der ersten Hälfte des Weges hörte sie ein Geschrei, so schrill, als sei ein kleiner Teufel aus der Hölle ausgebrochen. Das war Till.

Der Wirt brachte ihr das heulende Baby, drückte es ihr in die Arme, brüllte atemlos: „Da! Nimm den Satansbraten! Als ihr weg wart, fing er an zu heulen, daß alle Gläser in der Kneipe gesprungen sind, auch die vollen auf den Tischen. Meine bierbesudelten Gäste wollten nicht zahlen. Und sämtliche Fensterscheiben sind zersprungen..."
„Macht dem Kind die Rechnung", kreischte die Patin, lief mit Till unterm Arm in Richtung von Tills Haus. Unterwegs mußte sie über eine schmale, glitschige Holzbrücke. Sie war nicht sicher auf den Beinen vom Feiertrinken. Also rutschte sie aus und platschte mit Till in den Dorfbach.
Dem Till verging das Schreien, weil er den Mund zu voll hatte vom Schlamm. Mühsam krabbelte die Patin an Land, schleppte den matschtriefenden, japsenden Till nach Hause. Dort wusch ihn die Mutter mit warmem Wasser auf dem Herd. So wurde Till dreimal getauft: in der Kirche, im Bach und am Herd.

2 Als dann der Till ein wenig älter wurde, mochten ihn alle leiden, denn er saß nicht nur schon früh sicher auf einem Pferd – das konnte damals jeder Junge –, sondern er war auch gelenkig, konnte sich beispielsweise die beiden großen Zehen in die Ohren stecken, wenn es ihm zu laut wurde. Außerdem war er niedlich und pfiffig. Oft waren die Erwachsenen verblüfft über die klugen Antworten des kleinen Kerls. Aber als Till dann älter wurde, da wurde er immer unbeliebter. Er machte nämlich nicht nur den Affen, über den alle lachen durften, sondern er äffte auch andere nach, daß sie sich durch Till wie in einem Spiegel sehen mußten. Und er wurde gewitzter, gescheiter als die anderen – und was gescheiter ist als sie selbst, ist vielen Menschen unheimlich. Deshalb sagten die Menschen in seinem Dorf über ihn: „Till ist ein Lümmel!"
„Was stellst du dauernd an, daß die Leute über dich schimpfen?" fragte ihn sein Vater.

„Nichts", antwortete Till.
„Das gibt es doch gar nicht", sagte der Vater.
„Ich kann es dir beweisen", behauptete Till. „Nimm mich mit auf dein Pferd und reite mit mir durch die Straßen. Ich werde hinter dir sitzen und keinen Pieps sagen. Die Leute werden trotzdem maulen und meckern!"
Der Vater nahm Till hinter sich auf sein Pferd und ritt los. Sobald sie an einem Menschen vorbeigeritten waren und der hinter den beiden auf dem Gaul herguckte, hob Till sachte sein Hinterteil vom Pferd, raffte sein Kittelchen ein wenig, zeigte dem Gaffer seinen bloßen Popo – denn eine Hose trug der Dreikäsehoch nicht.
Da riefen die Leute hinter ihnen her: „Unverschämtheit! So ein Rüpel!"
„Ich begreife nicht, warum die Leute zanken und zetern", grübelte Tills Vater. „Ich setze dich jetzt vor mich aufs Pferd. Mal sehen, was dann passiert."
So tat der Vater, und Till saß still vor ihm, gab keinen Laut von sich, zuckte mit keinem Glied, aber jedem Entgegenkommenden schnitt er Fratzen. Und er konnte Fratzen schneiden, der Till.
Er konnte mit Ohren und Nase wackeln, konnte in jede Himmelsrichtung zugleich schielen, konnte seine Zunge bis zum Hals heraushängen, bis zur Stirn hinaufstrecken.
Die Leute glotzten den Till entsetzt an, keiften: „So ein gräßlicher Teufelsbrocken!" Da wunderte sich der Vater, schüttelte den Kopf und sprach: „Da sitzt mein Sohn ganz lieb und brav und still, muckst sich nicht, atmet kaum. Und trotzdem schnauzen und raunzen die Leute. Ach, Till, mein armes Herzchen! Du bist wohl nicht unter einem goldenen Stern geboren."
„Nein! Unter einem funkelbunten", sagte Till.

3 Wenn Till tatsächlich unter einem funkelbunten Stern geboren wurde, dann hatte dieser Stern einige trauerschwarze Fransen. Zuerst zog Tills Familie in ein anderes Dorf, dann starb der Vater.

Mutter und Sohn wurden arm wie Grillen im Winter. Und Till war schon mehr als sechzehn Jahre alt und sollte ein Handwerk lernen. Doch er wollte nicht.

„Junge“, sagte die Mutter, „werde Schuster.“

„Dann sehe und rieche ich ein Leben lang nur stinkige Füße, lerne nie Köpfe kennen.“

„Junge“, sagte die Mutter, „werde Bäcker.“

„Dann verbringe ich mein Leben in der Backstube und erfahre sonst nichts von der Welt.“

„Junge“, sagte die Mutter, „werde Müller oder Schreiner oder Schneider oder Schmied oder Bauer… “

„Dann bin ich festgebunden an ein Mühlrad oder einen Hobel oder eine Nadel oder ein Feuer oder an einen Fetzen Land. Ich will frei sein wie ein Vogel, Mutter.“

„Die Katze frißt den losen Vogel!“

„Ehe mich die Katze fängt, will ich sie gründlich foppen.“

„Im Winter wirst du kein Krümchen finden.“

„Dann faste ich eben, Mutter. Der Pfarrer hat gepredigt, daß Fasten etwas Gutes ist. Ich werde dünn wie ein Faden, Mutter, passe durch jedes Nadelöhr. Und schließlich werde ich auch durch den Spalt in der Himmelstür witschen!“

Dabei war Till nicht faul.
Er übte auf dem Dachboden des Hauses Kunststücke, Akrobatik und Zaubertricks. Er konnte bald meilenweit auf den Händen laufen, die Beine hinterm Kopf verknoten, hundertmal hintereinander ohne sich zu versprechen sagen:
„Fröscheforscher Franz fängt fröhlich frische Frösche, frische Frösche fängt voll Frohsinn Fröscheforscher Franz."
Und das Seiltanzen brachte Till sich bei.
Die Mutter mochte das alles nicht leiden.
Sie schalt: „Das ist Gaukelei und brotlose Kunst!"
Und als eines Tages Till ein Seil über die Saale spannte, denn an diesem Fluß lag ihr Häuschen, als er dann auf dem Seil tanzte und als viele Menschen kamen, um Till auf dem Seil zu sehen, da eilte die Mutter auf den Dachboden, wo er ein Ende des Seils angebunden hatte, und schnitt es durch.
Da platschte Till ins Wasser, ging baden, war der Hereingefallene. Das war gar nicht so schlimm. Aber Till ärgerte sich über den Spott seiner Zuschauer, die lange und laut lachten, ihm zuriefen:
„Wir haben immer gewußt, daß du nicht ganz sauber bist! Jetzt kannst du mal gründlich ausbaden, was alles an Übermut und Schabernack an dir und in dir ist!"

4 Till dachte: „Da hat das dumme Volk gestarrt und gestaunt, während ich auf dem Seil tanzte. Als ich dann ins Wasser geplumpst bin, haben sie ihre Schadenfreude sprudeln lassen. Denen werde ich es zeigen!"
Till rief laut auf dem Markt aus, daß er am nächsten Donnerstag um drei Uhr neue Kunststücke auf dem Seil zeigen werde.
Da kamen die Bewohner des Dorfes alle pünktlich. Till turnte auf dem Seil,

machte Kopfstand und komische Sprünge, und die Zuschauer klatschten in die Hände und brüllten: „Bravo!“ und „Spring noch einmal, aber höher!“ und hofften dabei insgeheim, daß Till wieder abstürzen werde. Aber als die Begeisterung richtig kochte, da rief Till vom Seil hinunter: „Soll ich euch mein tollstes Kunststück vorführen?“
„Ja!“ grölte die Menge.
„Ein Kunststück, das noch nie gezeigt wurde auf der ganzen Welt?“
„Ja!“ jubelten die Leute, die es selbstverständlich fanden, daß ausgerechnet ihnen etwas Außergewöhnliches geboten werden sollte.
„Ihr müßt mir aber helfen“, forderte Till die Leute auf. „Ich habe hier eine lange Schnur in der Tasche. Die lasse ich zu euch hinunter und behalte ein Ende in der Hand. Jeder von euch muß nun seinen linken Schuh ausziehen und an der Schnur festbinden.“
Alle gehorchten dem Till, denn sie erwarteten etwas ganz Lustiges und Wunderbares. Till zog die Schnur hoch, an der über hundert linke Schuhe baumelten.
„Achtung!“ schrie er. „Jetzt kommt das Einmalige!“ Er zog eine große Schere aus der Tasche und schnitt schnippschnapp, schnippschnapp jeden Schuh einzeln ab, warf einen dahin, den nächsten dorthin, brüllte dazu: „Juhu! Juchhu! Jeder suche seinen Schuh!“
Und dann hockte Till auf seinem Seil und sah mit Vergnügen zu, wie die Versammelten herumhinkten, jeder auf der Suche nach seinem Schuh oder einem besseren, wie sie sich stritten, ohrfeigten und prügelten.

5 Über Tills unfreiwilliges Bad in der Saale hatten alle Menschen im Dorf gelacht, aber ihr eigener Schaden hatte sie nicht klüger gemacht. Sie grollten dem Till, weil er ihnen einen solchen Streich gespielt hatte.
Zur Herbstkirmes ging Till auf den Festplatz. Niemand redete mit ihm. Da suchte er nach einem Platz für sich allein, wo er nachdenken wollte.
Im Hof eines Imkers fand er Bienenkörbe. Einige waren leer, in anderen ruhten Bienen von ihrer sommerlichen Honigsammelarbeit aus. Sie hatten noch volle Waben. Später würde der Imker Wachs, Bienen und Honig verkaufen.
Till schlüpfte in einen leeren Korb. Das hätte ein normaler Mann kaum gekonnt, denn so ein Bienenkorb ist nicht groß. Doch Till hatte ja geübt, sich ganz eng zusammenzurollen. Er schlief ein.
Als er erwachte, war es kohlenschwarze, kellerkalte Nacht. Was hatte ihn geweckt? Zwei Diebe waren gekommen, einen Bienenkorb zu stehlen. Till belauschte sie.
„Leise", piepste der eine mit Hühnerstimme.
„Warum? Der Imker ist noch auf der Kirmes", brummte der andere mit Bärenbaß.
„Jedenfalls sollten wir schleunigst einen Korb klauen und damit abhauen."
„Immer mit der Ruhe. Wir wollen den besten."
„Welcher ist denn der beste?"
„Der schwerste natürlich, Dummkopf. Da ist der meiste Honig, das meiste Wachs, sind die meisten Bienen drin."
Till lugte vorsichtig aus dem Korb, sah, wie die beiden – ein ganz kleiner Dicker und ein ganz langer Dürrer – Korb nach Korb anhoben, um den schwersten zu finden.
Bald kamen sie zu dem Korb, in dem Till steckte.
„Das ist er", keuchte der Lange mit dem Bärenbaß.
„Der ist zu schwer", ächzte der Kurze mit der Piepsstimme.
Aber schließlich wuchteten sie den Korb

auf eine Leiter, packten sie und schritten langsam vorwärts, um keine Biene zu wecken. Vorne ragte der Lange, hinten stolperte der Kurze, der nicht über den Korbrand gucken konnte.
Nach einer Weile langte Till aus dem Korb dem Vorderen ins Haar und riß kräftig daran.
„He, Dummkopf! Was soll das? Warum reißt du an meinen Haaren?" knurrte die Bohnenstange.
„Ich kann gar nicht an deinen Haaren reißen. Ich habe beide Hände voll zu tun, um den Bienenkorb zu tragen", jammerte das Fäßchen.
Etwas später rupfte Till dem Hinteren ein Büschel Haare aus.
„Das kannst du doch nicht machen", greinte der.
„Was?"
„Mir meine Haare ausrupfen."
„Du spinnst!"
„Du lügst!!"
„Du stinkst!!!"
Till hörte sich ihr Gezanke eine Zeitlang an, zerrte dann den Vordermann so heftig an den Haaren, daß der nach hinten kippte. Das machte den so wütend, daß er sein Leiterende fallen ließ, am Korb vorbeisprang, auf den Hintermann eindrosch, daß der ebenfalls fallen ließ, was er in den Händen hielt, und sich wehrte. Und so prügelten die Diebe sich in der Finsternis, während Till sich ins Fäustchen lachte.

Der Dicke rannte weg. Der Dünne rannte hinterher. Dann hörte Till nicht einen mehr.
Till schlief noch ein wenig in seinem Korb. Als es wieder hell und warm war, krabbelte er hinaus, reckte und streckte sich und dachte: „Warum soll ich in mein Dorf zurückgehen? Ich bin jetzt ein Mann und gehe in die Welt, um ein berühmter Narr zu werden."
Und so tat Till.

6 Till ging geradeaus, bis er zu einer Wegkreuzung kam. „Geradeaus bin ich jetzt genug gegangen. Geradeaus mag ich nicht mehr. Zurück will ich auf keinen Fall. Bleiben also rechts und links. Rechts ist richtig, sagt man, aber das Richtige mag ich nicht tun. Nach links hinken die Flinken. Ich will die Gerech-

ten linken, also gehe ich nach links", entschied Till.
Und er ging mal rückwärts, mal seitwärts, mal auf den Händen, dabei immer voran, bis er an eine Burg kam. Er bewarb sich beim Besitzer der Burg um eine Stelle. Der war Raubritter. Till sollte ihm helfen, die benachbarten Bauern und Kaufleute auszuplündern. Das schien dem Till nicht närrisch genug. Abends saß dann der Raubritter mit seinen Kumpanen beim Wein. Sie hatten den Till gerne dabei, weil er für sie gaukelte, Schnurren erzählte, zur Laute sang – etwa das Lied, das Till sich ausgedacht hatte:

Das Lied vom Raubritter

Ein armer Ritter ohne Verstand,
mit faulem Bauch und lahmer Hand,
der konnte nichts andres als hauen
und rauben und morden und klauen.

Es klaute der Ritter den Armen
und Schwachen
die Kleider, das Brot, die Zähne,
das Lachen.
Kaufleuten klaute er die Ware,
den Mädchen klaute er die Haare.

Es klaute der Ritter den Pfaffen den Glauben,
und endlich fand er nichts mehr zu rauben.
Da stahl er sich aus dem eigenen Schrank
die Hosen – jetzt trägt er den Popo blank.

Als Till das Lied gesungen hatte, lachten die Räuber, grölten:
„Ja, so weit kommt's noch!"
Da dachte Till: „Zum Hofnarren bin ich nicht geboren. Ich will ein freier Narr werden. Meinetwegen ein vogelfreier Narr." Und als die Ritter alle weintrunken über dem langen Tisch lagen, da beschloß Till, die Burg zu verlassen.
Und statt des Lohnes, der ihm eigentlich zustand, klaute er den Rittern Kleider.
Nun wird noch erzählt, daß diese Ritter nicht nur schlechte, sondern auch eitle Menschen waren. Sie trugen die neueste Mode, und diese möglichst bunt, noch etwas bunter als gewöhnlich.
Till suchte sich das verrückteste Zeug zusammen: Dem ersten klaute er die Schnabelschuhe, dem zweiten – der Rot sehr mochte – die Strumpfhose, dem dritten den gefransten und gezaddelten Kittel, dem vierten – der sich selbst „Grüner" nannte – den Gürtel dazu...
So scheckig verließ Till die Burg.

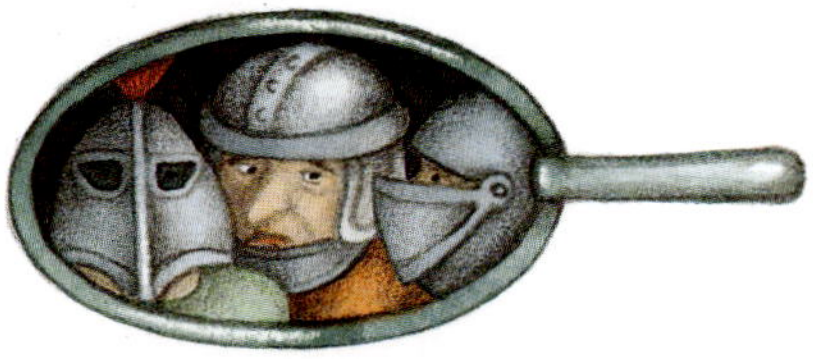

7 Till wanderte dahin und pfiff ein Lied dazu. Auf einem Feld vor den Toren der Stadt Hildesheim sah er einen Mann liegen. Der hatte die Hände auf dem dicken Bauch, die Finger verschränkt, und drehte langsam die knubbligen Daumen umeinander. Till stellte sich neben den Mann, sprach mit leiser, schüchterner Stimme:
„Guten Tag, gnädiger Herr."
Der Mann setzte sich ächzend und schnaufend auf, beguckte den Till, wunderte sich über dessen eigenartige Kleider und keuchte: „Wer bist denn du?"
„Ich bin ein Koch ohne Arbeit."
Till verbeugte sich dabei höflich und bescheiden.
„Ein Koch, so, so. Ein Koch! Ein guter Koch?"
„Das mag wohl sein, gnädiger Herr. Ich kann alles kochen."
„Willst du in meinen Dienst treten?"
„Wahrlich, hochedler Herr, es wäre mein sehnlichster Wunsch, für einen Menschen kochen zu dürfen, der meine Begabung zu würdigen weiß."
Der dicke Mann leckte sich die Lippen, sagte: „Du bist mein neuer Koch. Du bekommst von mir einen anständigen Lohn und ordentliche Kleider. Wie heißt du denn?"
„Mein Name ist Wrzschliwopskr Muschrwitschsk."
„Das ist ein langer Name. Ich werde dich Doll nennen."
„Einverstanden, verehrter Herr und Gebieter."
Dann machten sich beide auf den Weg zu des dicken Mannes Haus. Der Weg war nicht weit, aber sie brauchten lange. Als sie endlich angekommen waren, sagte der Mann: „Doll, ich werde in die Stadt gehen und einige Freunde zu einem festlichen Abendessen einladen. Du machst einen feinen Braten. Im Keller hängt Fleisch. Brate ein großes Stück für fünf Feinschmecker, aber würze es so, daß meine Gäste staunen werden. Und brate es ganz langsam mit wenig Hitze. Und lasse es keinesfalls anbrennen."

Als der Dicke weg war, ging Till in den Keller. Da hingen riesige Stücke besten Fleisches an Haken.
„Für fünf Feinschmecker soll ich einen Braten machen", lachte Till in sich hinein. „Aber mein Herr meint natürlich nicht Feinschmecker, sondern Vielfraße. Also nehme ich die fünf größten Batzen, für jeden Vielfraß einen. Und würzen soll ich, daß die Gäste staunen. Ha! Nichts leichter als das."
Till suchte sich als pikante Gewürze Stiefelfett, Scheuersand, Asche aus dem Ofen, Speisereste aus dem Abfalleimer, Leim und anderen interessanten Kram, mischte eine muffelige Matsche und verdarb damit die Bratenstücke, indem er die Würze nicht nur aufstrich, sondern kräftig einknetete. Schließlich spickte er das Fleisch mit langen Nägeln, die er gefunden hatte.
„Nun noch langsam und mit wenig Hitze braten. Die wenigste Hitze ist gar keine Hitze. Also stecke ich das Fleisch auf einen langen Spieß, lege die Enden des Spießes hier im kühlen Keller auf zwei Bierfässer. Jetzt kann der Braten auch bestimmt nicht anbrennen."
Und am Abend schimpften der dicke Herr und seine dicken Gäste hungrig und heftig mit Till. Der aber sagte: „Ich verstehe Euch nicht, mein kluger Herr. Ich habe alles getan, was Ihr gewünscht habt, und sogar ein bißchen mehr. Und Euer Dank ist nur Anschnauzerei!"

8 Tills erster Herr hatte gemerkt, daß ein Koch ausreicht, allen Brei zu verderben, aber er war sogar zu faul, seinen Koch zu entlassen. Er sagte noch am gleichen Abend: „Doll, du bist jetzt nicht mehr Koch, sondern Kutscher. Schmiere also diese Nacht den Wagen, denn der Herr Pfarrer und ich wollen morgen früh ausfahren."

Natürlich hatte der Dicke gemeint, Till solle die Wagenfedern und Wagenräder und Radnaben einfetten, damit die Kutsche einwandfrei und glatt rollen könne. Till aber nahm des Nachts, als alle schliefen, das Wagenfett und schmierte gründlich die Kutsche von innen und außen, vor allem aber auf sämtlichen Sitzen.
Am nächsten Morgen befahl der Herr: „Doll, spanne die Pferde vor den Wagen."
Als Till den Befehl ausgeführt hatte, stiegen der Pfarrer und der Herr in die Kutsche, machten es sich bequem auf den Sitzen, rückten und rutschten, bis sie die beste Position gefunden hatten. Doch ehe die Reise losging, quietschte der Pfarrer ein schrilles „Igitt!", beguckte sich seine linke Hand. „Wieso ist denn hier alles so fettig?" fragte er.
„Wieso ist denn hier alles so fettig?" gab der Herr die Frage an Till weiter.
„Oh, ich habe mir viel Mühe gegeben, habe den Wagen vollkommen geschmiert, wie Ihr es mich geheißen habt", antwortete Till.
Das war dem Herrn zuviel. Er schrie: „Genug! Du bist ein Schalk! Ein Schelm! Ein Narr! Der Herr Pfarrer und ich werden baden, dann saubere Kleider anziehen, schließlich ohne dich verreisen, denn du räumst sofort mein Haus, du Schlingel!"
Der Pfarrer und der Herr gingen also zum Baden. Till aber war richtig stolz. „Ich bin ein Narr, hat er gesagt. Der edle Herr von Fettbauch hat's gemerkt: Ich bin ein Narr. Er soll sich nicht getäuscht haben. Ich räume jetzt sein Haus."
Und genau das machte Till.
Während die Herren badeten, schleppte Till Tische und Stühle und Schränke und Truhen und Betten aus dem Haus auf die Straße. Als der Hausherr plötzlich rosig glänzend und duftend im Hausflur stand, Mund und Nase aufsperrte, rief Till ihm zu: „Das ist harte Arbeit, mein sauberer Herr, die Ihr mir aufgetragen habt. Aber ich erledige

alles nach Euren Worten. Vielleicht könnt Ihr mal mit anpacken. Der Speiseschrank ist wirklich arg schwer."
„Hau ab!" brüllte der Herr.
„Meint Ihr das ernst? Na ja, Ihr könnt recht haben. Wenn ich von dem Schrank einfach einige Teile abhaue, läßt er sich leichter tragen", sagte Till und griff nach einem Beil, das in der Flurecke stand.
„Bitte, verlasse mich. Ich will dir auch drei Gulden Lohn geben und ein paar feine, dunkle Anziehsachen."
„Her mit den Gulden!" rief Till. „Eure Trauerkleider könnt Ihr behalten."
So hatte Till seinen ersten Verdienst als junger Narr.

9

Drei Gulden reichen nicht weit. In der nächsten Stadt hatte Till Eulenspiegel nicht mehr viel davon übrig. Als er seine Nase am Fenster eines Bäckerladens platt drückte, kam der Bäcker heraus und stellte sich zu ihm.
„Was bist du denn für ein Geselle?" fragte er.
„Natürlich ein Bäckergeselle", antwortete Till.
„Ich habe zur Zeit keinen Gesellen. Willst du mir dienen?"
„Gern", sagte Till.
Zwei Tage später wollte der Bäcker abends zu Freunden und erst am nächsten Morgen wiederkommen. „Du mußt diese Nacht alleine Brötchen backen. Der Teig steht bereit", sagte der Bäcker zu Till.
„Wie soll ich die Brötchen formen?" fragte Till.
Der Bäcker hatte es eilig, war außerdem zornig über die dumme Frage. „Du komischer Kauz!" schimpfte er. „Wie soll man wohl Brötchen formen? Wie Eulen und Meerkatzen meinetwegen, du komischer Affe!"
Als Till allein in der Backstube war, formte er aus dem ganzen Teig nichts als Eulen und Meerkatzen und backte sie.

Am nächsten Morgen kam der Meister, sah die Bescherung, rief: „Was hast du denn da gemacht?"
„Eulen und Meerkatzen, wie Ihr es gewünscht habt."
Da packte der Bäcker den Till beim Kragen, rüttelte ihn, wütete: „Mit diesem Zeug kann ich nichts anfangen! Bezahle mir meinen Teig!"
„Wenn ich den Teig bezahle, darf ich dann das Gebäck mitnehmen?"
„Verschwinde damit! Ich kann weder dich noch Eulen und Meerkatzen in meinem Laden brauchen!"
Till bezahlte den Teig, packte das Gebäck, zog damit auf den Markt.
Es war nämlich Sankt Nikolaus-Tag.
Till bot seine Ware an, rief sie aus: „Kauft etwas Besonderes als Nikolausgeschenk. Kauft frischgebackene Eulen und Meerkatzen!" Und er verkaufte tatsächlich sein ganzes Backwerk, bekam viel mehr Geld, als er für den Teig bezahlt hatte.
Als der Bäckermeister davon erfuhr, ärgerte er sich, daß er nicht mindestens noch das Geld für Brennholz und die Benutzung des Backofens verlangt hatte. Aber es war zu spät. Till war bereits unterwegs zu neuen Streichen, und der Bäcker hatte das Nachsehen.

in Magdeburg

10 Till wanderte weiter durchs Land als Narrenlehrling ohne Lehrherren. Er übte eifrig das Leute-zum-Besten-Halten. Viele Streiche gelangen ihm, manche glückten nicht so gut; jedenfalls wurde er allmählich in den Orten, durch die er zog, als Schalk bekannt. Er kam nach Magdeburg, wo viele Menschen wohnten, die sich selbst für besonders klug und gelehrt hielten. Die glaubten natürlich nicht, daß jemand sie übertölpeln könne. Zu Till Eulenspiegel sagten sie: „Versuch's doch!" Da plante Till, für diese großstädtischen, eingebildeten Hochnäsigen sein Narrengesellenstück zu liefern. Überall verkündete er, daß er nicht nur Laute schlagen und Seiltanzen gelernt habe (diese Künste hatten die Magdeburger schon von Till bewundern dürfen), sondern daß er fliegen könne wie ein Vogel. Er habe das lange und heimlich geübt, aber den Magdeburgern wolle er sein Können vorführen. An einem bestimmten Mittwochnachmittag um drei Uhr wolle er auf das Magdeburger Rathaus steigen und vom Erker abheben, drei Runden über der Stadt drehen, dazu zwitschern wie ein Zeisig, nur viel lauter, damit ihn jeder Bürger hören könne.

Diese Ankündigung war natürlich Stadtgespräch, und alle Naseweise, Siebengescheiten und Neunmalklugen disputierten und diskutierten. „Kann Till fliegen oder nicht?", das war die große Frage. Und wenn er's kann, hält er drei Runden durch oder platscht er vorher aufs Pflaster?

Und so war an dem gewissen Mittwochnachmittag der Platz vorm Rathaus voll mit Magdeburger Bürgern, die neugierig zusahen, wie Till das Rathaus betrat, die ihn dann hoch oben im Erkerfenster auftauchen sahen.

Da stand Till auf der Brüstung in seinem komischen Gewand, schüttelte Arme und Beine aus, machte einige Kniebeugen, breitete die Arme weit aus, bewegte sie auf und nieder, nickte mit dem Kopf,

wippte auf den Fußspitzen, kasperte und alberte so eine Weile herum.
Die Menge klatschte und pfiff, johlte und buhte, juchzte und stöhnte, schrie schließlich im Chor: „Flieg, Till, flieg! Flieg, Till, flieg! Flieg, Till… “

Till streckte die Handflächen den Leuten entgegen, gebot Schweigen. Nun rief er laut und deutlich:
„Freunde! Kollegen! Ich danke euch, daß ihr gekommen seid. Da fühle ich mich nicht einsam als Narr. Oft dachte ich, ich sei der einzige Narr auf der Welt. Jetzt weiß ich, daß diese Stadt von Tor zu Tor voller Toren steckt, deren Verrücktheit weit umfassender ist als meine. Hätte mir einer von euch gesagt, er könne fliegen – ich hätte es nicht geglaubt, wäre keinen Schritt gelaufen, ihn zu sehen. Ihr aber seid hier wegen mir: Ihr traut mir zu, daß ich fliege. Der Mensch ist aber kein Vogel, er hat höchstens einen. Und jetzt, verzeiht mir, mache ich die Fliege.“
Laut lachte Till, verbeugte sich, drehte sich um, verbeugte sich noch einmal, zeigte dabei den Gaffern seinen Hintern, sprang dann ins Innere des Rathauses, verschwand aus dem Erkerfenster und schließlich schleunigst durch eine Hintertür aus dem Gebäude.

Die meisten Magdeburger schimpften und fluchten über Till, einige aber lachten und sagten: „Er ist ein Narr, und er hat die Wahrheit gesprochen."

11 Ganz berühmt war Till durch die Magdeburger Tat. Doch wie er aussah, war noch lange nicht überall bekannt, denn zu seiner Zeit gab es ja kein Fernsehen.
Als Till von einem überaus garstigen und geizigen Grafen hörte, beschloß er, diesem eine Lehre zu erteilen.
Till wurde auf des Grafen Schloß als Turmwächter und Turmbläser eingestellt. Der Graf hatte sich nämlich viele Feinde gemacht.
Till sollte auf dem Turm Wache halten, und wenn Feinde sich nahten, sollte Till ins Horn blasen und mit lautem Signal die Schloßbewohner warnen.
Die Feinde kamen natürlich nicht täglich. Der geizige Graf aber sparte am Essen für die, deren Nutzen er nicht deutlich sah. Deshalb saß Till drei Tage auf dem Turm, konnte nichts melden, kriegte nur Wasser und Brot und ärgerte sich. Langeweile kannte er nicht, denn er übte Kunststücke, überlegte sich neue Streiche, dachte sich Geschichten und Lieder aus wie:

Das Lied vom Geiz

Wer geizig ist und niemals gibt,
der wird von niemandem geliebt,
und hat er selber einmal Not,
schenkt keiner ihm ein Stückchen Brot.

Als Till an seinem vierten Dienst-Tag gerade wieder dieses Liedchen sang, sah er eine Schar Leute, die gegen des Grafen Schloß zog, dabei Zäune zerbrach und Stalltüren aufstieß, jedenfalls in großer

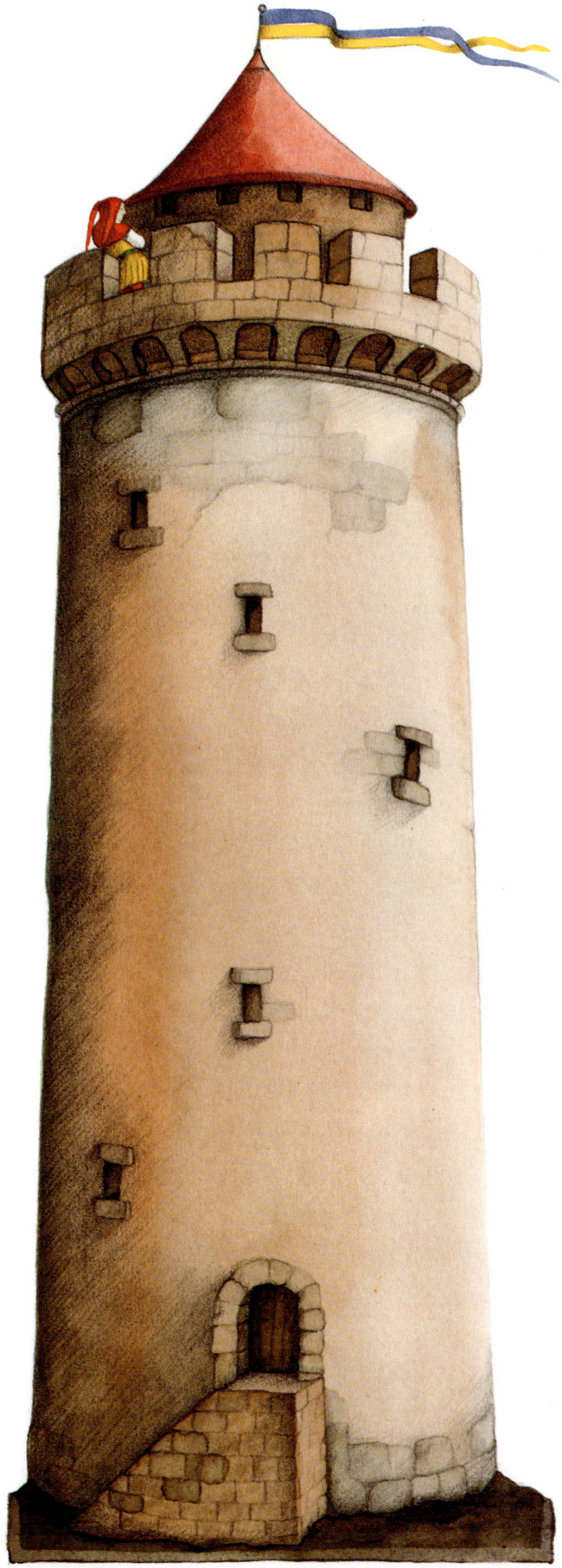

Wut allerlei Schaden anrichtete. Ob der Graf ihnen vorher Böses zugefügt hatte? Und was tat Till?
Er hielt fein still.
Er blies nicht ins Horn, guckte nur und schmunzelte.
Erst als die Leute schon mit Beilen aufs Schloßtor einhackten, hörten der Graf und seine Männer den Lärm. Erst jetzt konnten sie sich bewaffnen, den Angreifern entgegentreten, sie vertreiben. Da hatten die schon viel vom Gut des Grafen zerstört.
Als der Graf abgekämpft zurückkam, sah er den Till fröhlich von der Brüstung des Turmes herabgrinsen. „Warum hast du nicht das Signal geblasen?" schrie der Graf.
„Vor dem Essen mache ich keine Musik!" rief Eulenspiegel zurück.
Der Graf war wütend, aber da für ihn kaum jemand arbeiten wollte, entließ er den Till nicht. Till sollte weiterhin Turmwächter sein, bekam aber zur Strafe auch kein Brot mehr.

Am nächsten Tag zur Essenszeit, als der Graf sich gerade an den gedeckten Tisch setzen wollte, blies Till laut und schrill das Signal, brüllte: „Feind in Sicht!" Schnell legten die Schloßbewohner ihre Rüstungen an, zogen aus, suchten den Feind, doch fanden keinen. Als sie zurückkamen, saß Till vor den Schüsseln, löffelte, kaute, mampfte.
„Bist du wahnsinnig?" keifte der Graf.
„Im Gegenteil", sagte Till. „Ich war klug genug, mir die Speisen zu beschaffen, die man braucht, um nicht vor Hunger wahnsinnig zu werden."
Trotzdem konnte der Graf den Till nicht entlassen, weil ihm Leute fehlten. Till sollte als einfacher Soldat helfen, das Schloß vor Überfällen zu schützen. Wenn der neue Turmbläser anzeigte, daß Angreifer vorm Tor waren, dann tappte Till als letzter hinter den anderen her. Aber wenn der Streit beendet war, dann wurde Till ganz schnell, sauste immer als erster zum Tor hinein, saß schon zum Siegesmahl am Tisch, wenn die anderen noch ihre Schrammen und Wunden versorgten.
Das merkte der Graf bald, fragte den Till, warum er anfangs so langsam, endlich so schnell sei.
„Das danke ich Euch, allerwertester Herr Graf", antwortete Till. „Durch Euch habe ich gelernt, als Ihr mich bei karger Kost oben im Turm wachen ließet, daß es gut ist, wenn man sich nie zu weit von den Fleischtöpfen entfernt."
„Aber du bist angestellt, die Feinde zu bekämpfen", sagte der Graf.
„Feinde?" staunte Till. „Ich habe keine Feinde. Ich habe nichts, was man mir stehlen kann, und deshalb lohnt es sich für niemanden, mein Feind zu sein. Ich nehme auch keinem mehr weg, als ich selbst zum Leben brauche, und dafür hat jeder Verständnis. Und ich würde auch niemandem etwas nehmen, was der selbst zum Leben braucht. Wenn Ihr, hochverehrter Herr Graf, Feinde habt, dann habt Ihr die Euch zuzuschreiben, müßt selbst damit abrechnen. Schlagt

Euch, und wenn Ihr mir Nahrung gebt, daß ich stark genug bin, werde ich Euch nach Eurem Sieg zujubeln. Mehr könnt Ihr wirklich nicht von mir verlangen..."
„Genug!" brüllte der Graf. „Ich habe genug von dir und deinen Narrenweisheiten. Solche Knechte wie dich kann ich nicht brauchen! Du bist entlassen!"

12 In der Stadt, in die Till dann gegangen war, erzählten ihm Studenten, daß ein Professor im Unterricht über Eulenspiegel gesagt habe, er sei ein alberner Schelm fürs dumme Volk. Einen wirklich weisen Mann – und damit habe der Professor sich gemeint – könne kein Narr an der Nase herumführen.
„Das wollen wir abwarten", sagte Till.
„Was lehrt dieser Herr?"
„Er behauptet beispielsweise, daß Tiere pfiffiger seien, als man denkt. Nicht gerade so klug wie Professoren, man könne ihnen aber durchaus so viel beibringen wie gewöhnlichen Studenten."
„Nicht dumm", murmelte Till.
„Oft brüllt er, daß sein Esel mehr Grips habe als wir."
„So, so. Er hat einen Esel", grübelte Till.
Till besuchte den Professor am nächsten Tag. Zuerst wollte dieser ihn gar nicht einlassen, aber nachdem Till gesagt hatte, daß er gehört habe, dieser Herr Professor sei der gescheiteste und scharfsinnigste Mensch in der ganzen Stadt und darüber hinaus, lud der Professor den Till zu einem Glas Wein in sein Haus.
Da saßen sie und plauderten. Till sprach einsichtig, verständig und bedächtig; er beeindruckte den Professor immer mehr. Und als dem Till der Zeitpunkt richtig schien, sagte er: „Diese ganze Stadt ist voller Esel, die auf zwei Beinen gehen. Dabei sind die vierbeinigen Esel

keinesfalls dümmer. Ich weiß beispielsweise, wie man einen echten Esel Lesen lehren kann. Und wenn ein Esel lesen kann, ist er den gewöhnlichen Studenten bald überlegen."
„Richtig! Richtig! Genau das sage ich auch immer. Und Sie, weitgereister Herr Eulenspiegel, wissen Weg und Weise, Esel das Lesen zu lehren?"
„Natürlich. Und es ist nicht schwierig. Was rundohrige Menschen können, ist für spitzohrige Esel eine Kleinigkeit."
„Herr Eulenspiegel! Bringen Sie meinem Esel das Lesen bei! Nehmen Sie bei mir Wohnung und geben Sie meinem Esel Unterricht, sei es auch zwanzig Jahre lang."
Till nahm an, schwindelte dem Professor noch vor, daß besonders am Anfang das Vertrauensverhältnis zwischen Lehrer und Schüler entscheidend sei, daß also in den ersten Stunden niemand dabei sein dürfe, wenn der Esel seine Versuche mache, weil sich der arme Esel vor einem Fremden nur schämen würde.
Das leuchtete dem Professor ein.
Till ließ sich ein altes Abc-Buch besorgen. Nun ging er täglich zum Esel, fütterte den Grauen nicht mehr auf die übliche Art, sondern streute leckeren Hafer zwischen die Seiten des Buches. Schnell lernte der Esel, die Seiten umzublättern, um nach dem Hafer zu suchen. Und wenn dann der Esel nichts mehr fand, aber noch hungrig war, blätterte er besonders hastig, knickte Eselsohren ins Buch, schrie schließlich aus Enttäuschung „I – A – I – A", wie es Esel eben tun.
Als das geschafft war, teilte Till dem Professor mit: „Jetzt dürfen Sie uns im Stall besuchen und den ersten Erfolg kennenlernen. Bringen Sie Kollegen und Studenten mit, damit die erkennen, daß Sie schon immer recht hatten."
Der Professor lud alle Kollegen und viele Studenten ein. In der festgesetzten Abendstunde standen sie feierlich um den Esel herum. Dem hatte Till den ganzen Tag nichts zu fressen gegeben.

Nun trat Till auf, hielt das Abc-Buch in den Händen, schritt auf den Esel zu, hielt ihm das Abc-Buch vors Maul. Wie wild blätterte das Langohr, suchte sein Futter. Aber Till hatte nichts ins Buch eingestreut. Traurig rief der Esel „I – A – I – A – I – A", blätterte immer weiter.

„Sie haben nun vernommen, meine Herren, daß unser Schüler die beiden Buchstaben I und A erkennen und vorlesen kann. Er sucht sie im ganzen Buch. Allerdings wird es bestimmt noch sehr lange dauern, bis er besser wird, denn dieser Esel ist besonders dumm. Nicht umsonst sagt das Volk, daß Tiere ihren Herren immer ähnlicher und schließlich verwandt werden..."

Die Besucher lachten laut. Nur der Professor keifte: „Unverschämter und niederträchtiger Schalk. Solche Laute konnte mein Esel schon immer. Das ist seine natürliche Sprache."

„Schaut an", sagte Till. „Das habt Ihr also gelernt? Ich wußte doch, daß es nur auf die richtige Art und Weise ankommt, wenn man einem Esel etwas beibringen will."

„Ein Narr kann mir überhaupt nichts beibringen!"

„Ach, Herr Professor Allwissend. Niemand ist so vollkommen weise, daß er nicht durch einen Narren klüger gemacht werden könnte."

„Du Schelm! Du Nichtsnutz!"

„Sagt das nicht! Ich bin ein Vielnutz, denn woran sollte man die Klugheit der Klugen erkennen und messen, gäbe es keine Dummen auf der Welt?"

Und während alle den Professor auslachten und dem Schalk zuklatschten, kraulte Till ein letztes Mal den Grauen zwischen den langen Ohren, verbeugte sich höflich, ehe er den Stall verließ.

in Prag

13 Till zog weiter in die Welt hinein und kam nach Prag. Da gab es eine besonders bedeutende Universität, da wollte Till hin. Mit vielen Studenten wurde Till schnell Freund. Die Professoren aber bemerkten ihn lange nicht, weil sie immer grübelnd und mit halb geschlossenen Augen durch die Stadt gingen. Endlich gelang es Till doch, sich einem der Professoren so in den Weg zu stellen, daß der ihn wahrnehmen mußte. Und der Professor staunte, denn einen so bunt gekleideten Menschen hatte er in seinem ganzen ernsthaften Leben noch nicht gesehen. Er betrachtete den Till lange durch sein Augenglas am Stiel wie einen eigenartigen Vogel, fragte dann: „Was bist denn du für einer?"
„Ich bin ein Brillenmacher", log Till.
„Aha! Und wo sind deine Brillen? Wo sind die Gläser und Gestelle? Wo ist dein Handwerkszeug?"
„Das brauche ich alles längst nicht mehr. Wir Brillenmacher sind übel dran. Unser Handwerk ist nicht mehr gefragt."
„Oho! Ich dachte, es müsse Brillenmachern besonders gut gehen, weil doch die Menschen immer kränker werden und immer schlechter sehen."
„Das ist richtig, gnädiger Herr. Aber die Menschen wollen schlecht sehen. Sie wollen ihr Elend nicht erkennen. Und die Herrscher, die Könige, Grafen,

Bischöfe, die heutzutage alle kurzsichtig sind, wünschen keine Brillen, weil sie Krummes geradegucken wollen. Kaufleute brauchen keine Brillen, weil sie nur an ganz großen Zahlen interessiert sind. Vor allem aber will niemand mehr mit Lesen seinen Kopf üben. Sogar die Gelehrten meinen, sie besäßen genug Wissen für den täglichen Bedarf. Selbst Ihresgleichen schlagen Bücher höchstens einmal im Monat auf, und das nur, um bekannten Worten zuzunicken und darüber einzunicken."
Tills Worte erheiterten den Professor. Er lud den Till zu einem gelehrten Streitgespräch in die Universität ein. Solche Veranstaltungen waren damals beliebt. Es kamen noch mehr Menschen als sonst, denn es war angekündigt worden, daß der berühmte Schalk Till Eulenspiegel mit drei Professoren diskutieren wolle.
Der erste Professor wollte den Till sofort lächerlich machen und ihm eine unlösbare Aufgabe stellen.
„Sage uns, mein Freund, und beweise es auch, wie viele Liter Wasser in den Meeren dieser Welt sind."
„Haltet für kurze Zeit alle Verdunstung und allen Regen auf, stoppt Kanäle, Flüsse und Bäche, stellt an alle Strände Wächter, die aufpassen, daß niemand Wasser entnimmt und niemand Wasser hinzukippt, schöpft dann einen Liter aus einem der Meere, und es wird in diesem Augenblick ein Liter weniger sein als vorher", antwortete Till. Die Studenten lachten.
Der zweite Professor fragte: „Und wo ist der Mittelpunkt der Erde?"
„Genau hier, wo ich sitze. Meßt es nur nach, dann werdet Ihr erkennen, daß ich recht habe", erklärte Till. Die Studenten klatschten.
„Und wie weit entfernt ist der Himmel?" wollte der dritte Professor wissen.
„Ganz nahe. Was wir hier reden, kann man im Himmel hören. Geht nur schnell hin, Ihr werdet merken, daß das stimmt", sagte Till.

Die Studenten jubelten. Und dann riefen sie im Sprechchor:
„Genug mit dem Gequatsche hier! Nicht für die Schule, für das Leben lernen wir!“
Till hob die Hand, die Studenten schwiegen. Till verkündete: „Ich will euch drei Lebensweisheiten schenken:
Erstens – sorgt, daß ihr nie heilende Speisen braucht!
Zweitens – wünscht, daß ihr im Leben kein Glück nötig habt!
Drittens – hütet euch vor einer Not, die euch zwingt, starke Getränke zu schlucken.“
„Unsinn!“ murrten die Professoren.
Till aber erläuterte: „Heilende Speisen schmecken meistens nicht und sind teuer. Brauchen tut sie ein Kranker. Sorgt also dafür, daß ihr nicht krank werdet.
Glück hat man nur im Unglück nötig. Wenn eine Person spazierengeht, und es fällt ein Ziegel vom Dach, und dieser Ziegel fällt der Person nicht auf den Kopf, sondern nur auf die Füße, dann sagt man zu dieser hinkenden Person, daß sie Glück gehabt habe. Besser wäre der Ziegel an seinem Platz geblieben. Dann hätte diese Person kein Glück nötig gehabt und gesunde Füße behalten. Wünscht euch also, daß ihr nie Glück nötig habt, weil euch kein Unglück begegnet.
Das stärkste Getränk auf der Welt aber ist das Wasser. Es treibt Mühlen an, es höhlt Steine aus, schwemmt Häuser weg, kippt Schiffe um, es tötet Landbewohner. Hütet euch also davor, in so große Not zu geraten, daß ihr das stärkste Getränk zu euch nehmen müßt, denn Säfte, Bier und Wein schmecken besser!“
Die Studenten waren begeistert und sagten: „Recht hat er! Es müßte Lehrstühle für Narren geben.“

14 Landauf, landab war Till nun berühmt und bekannt. Arme Leute grüßten ihn, reiche Leute fürchteten ihn, Gelehrte sprachen mit ihm, Fürsten luden ihn ein. So auch der König von Dänemark. Der sprach zu Till: „Wenn du etwas ganz Besonderes tust, damit man über mich und meinen Hof überall spricht, darfst du deinem Pferd auf meine Kosten den besten Hufbeschlag machen lassen.“ Till dachte bei sich: „Das ist ganz schön knauserig für einen König, aber ich werde aus seiner Ruhmsucht schon Gold für mich machen.“ Er führte sein Pferd bald nicht zu einem Hufschmied, sondern zu einem Goldschmied. „Beschlagt die Hufe meines Pferdes mit vier dicken Goldplatten. Nehmt dazu Silbernägel. Schickt die Rechnung dem König“, bestellte Till. Zuerst zögerte der Goldschmied. Doch Till gelang es, ihn zu überreden.

Der König von Dänemark staunte nicht schlecht über die Rechnung. Er bestellte den Till zu sich.

„Was hast du gemacht, Till?“

„Ich habe meinem Pferd den besten Hufbeschlag machen lassen. Oder wißt Ihr etwas Besseres als Gold?“

„So habe ich es nicht gemeint, Till. Meine eigenen Pferde traben nicht auf goldenen Sohlen. Würde dein Beispiel Schule machen, wäre ich bald der ärmste König im ärmsten Land. Und überhaupt solltest du den Hufbeschlag doch verdienen. Du solltest etwas Besonderes tun, damit ich überall berühmt werde.“

„Ich habe zwei Fliegen mit einem Streich getroffen", antwortete Till. „Über diesen Hufbeschlag wird man an allen Höfen reden. Wenn Ihr ihn bezahlt, wird man gutmütig über Euch lachen. Bezahlt Ihr ihn nicht, wird man bösartig über Euch spotten und sagen, daß Ihr Euer Wort gebrochen habt."
Der König überlegte nicht lange, bezahlte die Rechnung. Till ließ von einem Hufschmied sein Pferd mit Hufeisen versehen, verkaufte die Goldplatten und hatte für einige Zeit ausreichend Geld.

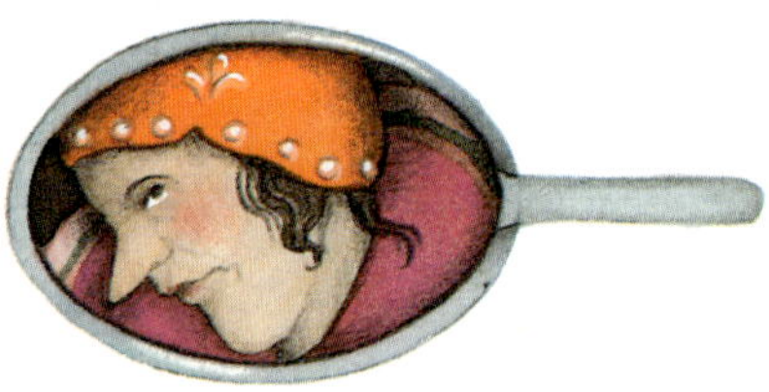

15 Solche Streiche und schlimmere spielte Till vielen eingebildeten Leuten. Und manchmal gingen sie nicht so gut aus. Beim Herzog von Lüneburg hatte Till angegeben, er sei ein vorzüglicher Maler. Der Herzog hatte ihm aufgetragen, einen Saal in seiner Burg mit Bildern zu schmücken. Till ließ sich viel Geld für Farben geben, lebte ein ganzes Jahr in Saus und Braus auf des Herzogs Burg, tat keinen Pinselstrich. Nach dieser Zeit führte Till den Herzog und einige Hofleute in den Saal, dessen Wände weiß und glatt waren. Er behauptete, daß nur der diese Bilder sehen könne, der stets gerecht geblieben sei und sich nie habe bestechen lassen. Da wollte zuerst niemand zugeben, daß er die leuchtenden Bilder, von denen Till redete, nicht sehen könne. Erst als die dreijährige Tochter eines Kammerherrn erklärte, sie sähe nur schneeweiße Schneehasen mit schneeweißen Schneenasen in schneeweißem Schnee, gaben auch die Erwachsenen zu, daß da nichts sei außer gekalkten Wänden – denn eine Dreijährige konnte ja in ihrem kurzen Leben weder ungerecht gewesen noch bestochen worden sein.
Der Herzog von Lüneburg war über diesen Streich so entrüstet, daß er Till

einen schriftlichen Befehl aushändigen ließ. Da stand mit schwarzer Tusche auf gelbem Pergament: „Hiermit verbiete ich dem Gaukler, Erzschelm und Betrüger Till Eulenspiegel, mein Land zu betreten."
Das gefiel Till nicht, denn er hatte Freundinnen und Freunde in Lüneburg. Eines Tages verspürte Till große Lust, diese zu besuchen. Er kaufte sich einen Karren, den er von seinem Pferd bis vor die Grenze von Lüneburg ziehen ließ. Dort traf er einen Bauern, der gerade seinen Acker pflügte.
„Guten Tag!" grüßte Till.
„Oh, der Narr Eulenspiegel! Wohin des Weges, lieber Till? Wem willst du heute beibringen, daß die Welt nicht so sein muß, wie sie ist?"
„Ich will nur Freunde in Lüneburg besuchen."
„Da bist du doch des Landes verwiesen, Till. Wenn dich der Herzog dort erwischt, läßt er dich einsperren oder aufhängen."
„Wenn er denken kann, muß er mich hängen lassen, damit ich nicht mit den Füßen auf seinem Land bin. Aber genau deshalb will ich mit dir reden. Wem gehört der Acker, den du pflügst?"
„Mir. Ich habe ihn geerbt."
„Dann verkaufe mir eine Karrenladung von deinem Land."
Die beiden wurden handelseinig, schaufelten zusammen Tills Karren voll mit

der Erde vom Acker des Bauern Barthel (so hieß er nämlich). Till setzte sich auf das erworbene Land und fuhr los, ins Land Lüneburg hinein. Er besuchte Freundinnen und Freunde, hatte einen langen Abend und eine lustige Nacht, setzte sich am nächsten Morgen wieder in seinen mit Erde gefüllten Karren und lenkte sein Pferd direkt vor die Burg des Herzogs von Lüneburg.
Da mußte er nicht lange warten. Der Herzog machte gerade mit seinem Gefolge einen Spazierritt. Er sah den Till und wurde rot im Gesicht vor Wut. Er schrie: „Du unverschämter Wicht! Habe ich dir nicht mein Land verboten? Greift ihn! Verprügelt ihn! Sperrt ihn ein!"
„Warum wollt Ihr mir so etwas antun lassen, gerechter Herr? Ich mißachte doch nicht Euren Befehl. Ich werde Euer Land bestimmt nicht betreten. Ich bin auf meinem eigenen Land angereist. Seht her, ich sitze auf meinem Land. Das habe ich vom Bauern Barthel gekauft. Der hat es von seinem Vater Lamprecht geerbt. Es ist nicht Euer Land, Herr Herzog. Erst wenn Ihr mich von meinem Land zerren lassen würdet, wäre ich auf Eurem Land. Aber das wäre gegen meinen Willen und sehr ungerecht."
Dem Herzog verschlug es die Sprache. Die Luft blieb ihm weg. Und seine Begleiter lachten und sagten, Till sei im Recht.
Endlich konnte der Herzog mühsam röcheln: „Zieh mit deinem Land von meinem Land und lasse dich nie wieder sehen!"
„Ich lasse mich ziehen und ziehe nicht!" rief Till. Und ließ sein Pferd antraben.

16 Essen mußte Till wie jeder andere Mensch, und vogelfreie Narren haben kein festes Einkommen. Till war bis Rom gezogen, war nun in der Stadt, wo auch der Papst nahebei wohnt, und

in Rom

hatte kein Geld mehr. In Italien war Till auch nicht bekannt genug, hatte keine Freunde. Sein Pferd hatte er schon verkauft. Er ging durch die Straßen, kam zu einer kleinen Gastwirtschaft. Durchs Fenster sah er die Wirtin; sie sah nett aus. Till trat ein, und die Wirtin lächelte, als sie den hübschen Gast in seiner sonderbaren Kleidung sah.

„Was möchtest du?“ fragte sie in ihrer Sprache.
„Essen“, antwortete Till auf italienisch, denn er hatte sich auf seine Romreise gut vorbereitet.
„Möchtest du etwas Teures oder nur eine Kleinigkeit?“
„Ich hätte gerne sehr viel Leckeres und Nahrhaftes umsonst, denn ich habe kein Geld.“
„Freund, ich muß auch zahlen, wenn ich einkaufe. Deshalb kannst du nicht umsonst essen.“
„Ja, schöne Frau, wenn du unbedingt willst, kannst du mich auch fürs Essen bezahlen. Über den Preis werden wir uns schon einig.“
Da lachte die Frau, und weil Eulenspiegel ihr gefiel, gab sie ihm eine große, dick belegte Pizza. Und weil er ihr immer besser gefiel und sie ihm auch, blieb Till über einen Monat in der Gastwirtschaft, aß, schlief, wohnte dort, und beide – die Wirtin wie Till – fühlten sich wohl.

Auch mit der Mutter seiner Wirtin, einer freundlichen Frau, vertrug Till sich. Die Mutter war fromm, und ihr sehnlichster Wunsch war es, einmal mit dem Papst zu reden.
Till wollte ihr den Wunsch erfüllen, weil die beiden Frauen ihn so lange – ohne Geld dafür zu nehmen – beherbergt und gespeist hatten. Till wartete, bis der Papst selbst eine Messe las, ging rechtzeitig in die Kirche, suchte sich einen auffälligen Platz.
Klar, daß Till – wie jedermann damals – genau wußte, wie man sich bei einer Messe in der Kirche zu benehmen hat; aber er machte einfach alles anders.
Wenn sich alle knieten, blieb Till stehen; wenn alle aufstanden, stellte sich Till auf die Sitzbank; wenn alle sangen, hielt Till den Mund geschlossen und wackelte mit den Ohren; wenn alle sich bekreuzigten, hob Till beide Arme hoch über den Kopf; wenn alle die Hände zum stillen Gebet falteten, drehte Till dem Altar den Rücken zu…
Er wirkte dabei aber ganz ernsthaft, als müsse das so sein, als habe er es so gelernt, keinesfalls so, als wolle er komische Possen reißen.
Der Papst merkte natürlich, was dieser eigenartig gekleidete Mensch anstellte, und er schickte nach der Messe einen Kirchendiener. Der sollte den Till zu einem Gespräch bitten.
Nachdem Till – wie es sich ziemt – den Ring des Papstes geküßt hatte, sprach der Papst: „Mein Sohn, ich habe dich beobachtet. Du hast auf mir fremde Art am Gottesdienst teilgenommen. Sage mir, welche Religion du hast?"
„Heiliger Vater, ich habe die gleiche Religion wie die Mutter meiner Wirtin."
Da ließ der Papst auch die Mutter von Tills Wirtin holen, und damit hatte Till erreicht, was er wollte, der freundlichen Frau ihren sehnlichsten Wunsch erfüllt.

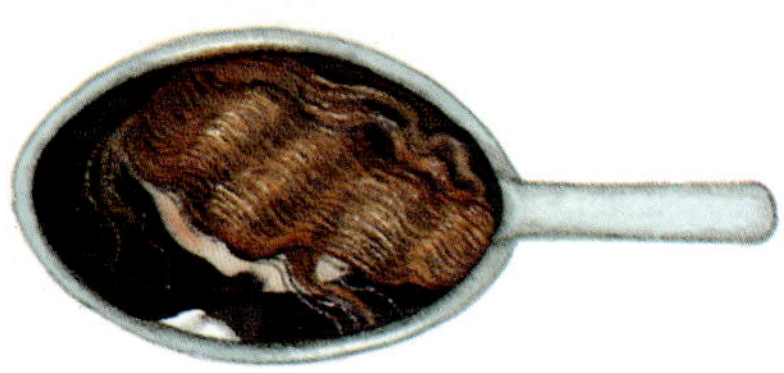

17 Eulenspiegel kehrte nach Deutschland zurück, denn er liebte seine Muttersprache mehr noch als die römische Wirtin. Da stand er dann einmal auf einem Fleischmarkt, fühlte großen Hunger im Bauch, hatte aber nur wenig Kleingeld in der Hosentasche. Er schaute einem besonders verkaufstüchtigen Metzger zu, der einer alten Frau ein schlechtes Stück Braten nicht richtig auswog und zu teuer berechnete.
„Der soll für mein Mittagessen aufkommen", dachte Till.
Er stellte sich an den Stand, beschaute prüfend die Auslage, sagte zu dem Metzger: „Ich suche bestes Bratenfleisch. Was soll ich nur nehmen?"
„Oh verehrter Herr, nehmt diesen Braten", empfahl der Metzger, zeigte auf ein gutes Stück Rinderlende.
„Danke, verbindlichen Dank", sagte Till, nahm das Fleisch und ging.
„Halt!" rief der Metzger ihm nach. „Ihr müßt den Braten bezahlen!"
„Davon war keine Rede. Ihr sagtet, ich solle diesen Braten nehmen. Das habe ich getan."
Die umstehenden Kunden und die anderen Metzger lachten, und weil keiner den geschäftstüchtigen Metzger leiden konnte, gaben sie dem Till recht.
Etwa eine Woche später ging Till wieder über diesen Markt. Da stand der Metzger, der inzwischen auch wußte, daß es der berühmte Schalk Till Eulenspiegel war, der ihn betrogen hatte. Der Metzger wollte nun zeigen, daß er an Klugheit gewonnen hatte. Er rief dem Till zu:

„Komm her und hol dir einen Braten!" Als Eulenspiegel nach dem Braten greifen wollte, legte der Metzger seine breite Hand darauf und knurrte: „Aber zuerst gibst du mir den Kaufpreis."
„Gut", sagte Till. „Ich will den Braten bezahlen. Ich will ihn dir mit Worten bezahlen, die dir gefallen."
„Und wenn mir deine Worte nicht gefallen?"

„Dann bleibt das Fleisch hier und bei dir. Ich nehme es nur, wenn du sagst, daß dir meine Worte gefallen."
Der Metzger dachte: „Da kannst du viel sagen, ehe ich zugeben werde, daß es mir gefällt." Laut sagte er: „Das Geschäft gilt!"
„Ich spreche nun diese Worte: Hallo, mein Geldbeutel! Öffne dich und bezahle diesem freundlichen Metzger hier den Braten von der vorigen Woche und auch den neuen. – Na? Wie gefällt dir das?"
„Gut gefällt mir das", juchzte der Metzger. „Sehr gut gefällt mir das!"
„Dann gehört auch dieser Braten mir", sagte Till zu dem Metzger, und sämtliche Zuhörer nickten dazu. Der Metzger mußte mit weitaufgerissenen Augen, von denen eines schwarz vor Trauer glühte, das andere rot vor Wut funkelte, zusehen, wie Till mit dem Braten abzog. Und zu seinem Schaden mußte er noch monatelang den Spott der Marktbesucher tragen, die ihn nur noch „Bratschenk" nannten.

18 In Berlin war es, daß Handwerksgesellen dem Till von einem besonders eingebildeten Schneidermeister erzählten. Er hielte sich für etwas Besseres, sagten die Handwerksgesellen. Er mache sich über alle lustig, bilde sich auch ein, er sei nicht nur ein Meister des feinen Stichs mit der Nadel, sondern mehr noch sei er ein Meister des feinen Stichs mit der Zunge. Seinem schelmischen Sprachwitz und seiner Wortgewandtheit sei niemand gewachsen, glaube er.
„Das ist der richtige Herr für mich“, meinte Till und bewarb sich bei diesem Prahlhans als Schneidergeselle. Natürlich erkannte der Schwafler den Eulenspiegel, aber er dachte: „An diesem berühmten Schalk will ich mich reiben, damit jedermann erkennen kann, daß ich der Größte bin!“ Er stellte den Till ein und wies ihm als Wohnung eine Dachkammer zu. Till benahm sich sehr liebenswürdig, tat so, als bewundere er den Meister, widersprach nicht, wartete nur ab. An seinem dritten Arbeitstag ergab sich die erste Gelegenheit zu einem kleinen Streich. Der Meister befahl nämlich: „Nähe dieses Kleid für die Frau Bürgermeister fertig.“
„Wie soll ich es denn nähen?“ fragte Till. „Natürlich so, daß es niemand sieht“, war die Antwort, und sie sollte bedeuten, daß Till die zugeschnittenen Teile mit einer verdeckten Naht, die niemand sehen kann, zusammennähen sollte. Till ließ den Meister gehen, räumte dann die große Truhe leer, die in Schneiderkreisen „Hölle“ hieß, in der kleinere und größere Stoffreste verwahrt wurden, die beim Kleiderschneidern und Anzügefertigen übriggeblieben, von den Kunden aber bezahlt waren. Till warf also diese so günstig erworbenen Stoffe für jeden sichtbar in die Werkstatt. Er hockte sich selbst in die leergeräumte Truhe, zog den Truhendeckel über sich und nähte am Kleid der Bürgermeisterin.
Als sein Herr in die Werkstatt kam, traf ihn fast der Schlag. „Hoffentlich hat

kein Kunde die Stoffe gesehen",
dachte er.
Laut brüllte er: „Till! Wo steckst du?"
„In der Hölle!"
„Was zum Teufel machst du da?"
„Ich nähe!"
„Und wieso hockst du dich dazu in die Truhe?"
„Damit es niemand sieht!"
„Sofort kommst du heraus!"
Till stieß den Truhendeckel auf und erschien, hielt in den Händen sein Werk.
Der Meister sah es und stotterte:
„Dadadas ist ja fifafürchterlich! Du hast die Tatateile mit fufaufalschen Stastüstichen gickgackgock... " – er schnappte nach Luft –, „du hast alle Teile falsch mit dicken und unregelmäßigen Stichen aneinandergenäht!"
„In der Truhe ist es dunkel, da konnte ich nicht gut sehen."
Der Meister hüpfte durch die Werkstatt, sammelte die erschwindelten Stoffe ein, jammerte: „Was mach' ich nur? Was mach' ich nur?"
„Ihr hüpft durch die Werkstatt wie ein Frosch und sammelt Stoff ein", antwortete Till ihm ganz sanft.
Da dachte der Schneider: „Ich muß noch besser auf meine Worte achten. Das soll mir nicht noch einmal passieren."
Und es ging weitere drei Tage gut mit den beiden. Till war freundlich, doch der Prahlhans plusterte sich neu auf.
Am Abend des dritten Tages sprach der Meister zu Till: Ich bin zu einem Fest in den Nachbarort eingeladen. Es wird spät werden, deshalb übernachte ich da, komme also erst morgen früh zurück. Wirf du noch schnell die Ärmel an den Rock für den Apotheker, dann kannst du Feierabend machen."
„Wird erledigt", sagte Till freundlich.
Nachdem der Meister gegangen war, hängte Till den Rock des Apothekers auf einen Kleiderbügel an die Tür, nahm die Ärmel, warf damit nach dem Rock. Aber natürlich blieben die Ärmel nicht hängen. Till holte sie sich immer wieder

und warf und warf. Als es dunkel wurde, sammelte er alle Kerzen im Haus zusammen, zündete mehrere an, warf wieder mit den Ärmeln nach dem Rock. Waren die angezündeten Kerzen niedergebrannt, zündete Till die nächsten an und warf und warf. (Möglicherweise hat er Pausen gemacht, er war ja nicht dumm, der Till.) Als der Meister am nächsten Vormittag heimkam, sah er den Till unermüdlich Ärmel werfen, und es gab keine einzige Kerze mehr, sondern nur zentimeterdicke Wachsschichten in Schüsseln und Tassen, die Till als Kerzenhalter benutzt hatte.
„Was treibst du denn wieder, du Tunichtgut! Taugenichts! Faulpelz! Tagedieb!"
„Seid nicht ungerecht, wortgewandter Meister. Ich tat, was Ihr mir sagtet. Taugte es nicht, so sind Eure Worte schuld. Faulheit kann mir wirklich keiner vorwerfen. Rastlos versuchte ich nach Eurer Anweisung die Ärmel an den Rock zu werfen. Ihr hättet doch wissen müssen, daß sie nicht hängen bleiben. Besonders aber trifft mich, wenn Ihr mich einen Tagedieb nennt, wo doch Ihr es wart, der mir eine ganze Nacht gestohlen hat."
„Du solltest die Ärmel annähen."
„Ihr habt gesagt, ich solle sie anwerfen."
„Das sagt man unter Schneidern so."
„Ich sehe keine Schneider über uns."
„Und warum hast du die ganzen wertvollen Kerzen verbraucht?"
„Weil Ihr mich vor einigen Tagen getadelt habt, als ich auf Euren Befehl im Dunkeln arbeitete."
„Du wirst zu teuer, Till. Ich entlasse dich. Mache dich schleunigst oben aus dem Haus." – Der Meister meinte damit, Till solle seine Dachkammer oben im Haus räumen. Till aber ging auf den Dachboden, stieß die Dachpfannen weg, schuf sich ein schönes großes Loch oben im Haus, durch das er schlüpfte.
Dann kletterte er vom Hausdach hinunter, ging zur Eingangstür, malte sein Zeichen – eine Eule mit einem Spiegel –, schrieb darunter: „Hic fuit" – das ist

Hic fuit

lateinisch und heißt: Er war hier gewesen.
Der Meister kam heraus, sah das Zeichen, rief dem Till nach: „Narrenhände beschmieren Tisch und Wände!"
„Wenn es echte und tätige Narrenhände sind, dann schützen die Zeichen ein wenig vor Dummheit und Stolz", lachte Till über die Schulter zurück.

19 Genau eine Woche lang hatte Till mit geringem Erfolg als Schneidergeselle gewirkt, aber – so dachte er mit Recht – „es gibt Leute, die mit noch weniger Praxis andere belehren". Till ließ in der näheren und weiteren Umgebung verkünden, daß er während seiner Tätigkeit als Schneider eine Entdeckung gemacht habe, die für alle Nadelfechter von ungeheurer Bedeutung sei. Er wolle sein bedeutendes Wissen in einem Seminar gegen geringes Entgelt allen Schneidermeistern mitteilen. Sie sollten nur alle zur angegebenen Zeit am genannten Ort zusammenkommen, dann würde er sie eine Kunst lehren, die ihnen und ihren Kindern in den Werkstätten zugute kommen solle für ewige Zeiten, solange die Welt stünde.
Und alle, alle Schneidermeister kamen, zahlten ihren kleinen Beitrag, verlangten zu hören, was Eulenspiegel zu lehren begehrte.
Dieser stellte sich vor die Versammlung und sprach: „Ehrbare und verdienstvolle Männer des Schneiderhandwerks! Bereits Adam und Eva benötigten von einem bestimmten Zeitpunkt an Kleider. Die waren aus Blättern gefertigt, aus grünen, großen Blättern, die ohne Geschick und Schick flüchtig zusammengeheftet waren. Später trugen die Menschen dann Kleider aus den Fellen erlegter Tiere… "
Und so laberte Till etwa drei Stunden über die Geschichte des Kleidermachens,

fuhr dann fort: „... Heute wissen wir genau: Kleider zieren Mann und Frau. Kleider machen Leute. Die Schneider gehören der wichtigsten Zunft dieser Welt an. Schneider machen Leute. Was aber braucht ein Schneider? Er braucht einen Tisch, auf dem er sitzen kann. Vier Beine sollte dieser Tisch mindestens haben, an jeder Ecke eines, damit er nicht kippelt oder gar stürzt. Licht braucht der Schneider, damit er sieht, wohin er sticht. Ein Maßband ist wichtig, ein Maßband so umfassend, daß selbst der dickste Bauch damit zu umspannen ist. Er muß eine Schere und einen Fingerhut haben, dazu eine Nadel und Garn... "
Weitere drei Stunden langweilte Till seine Zuhörer mit der Beschreibung von Gegenständen, die den Anwesenden durch täglichen Gebrauch bekannter waren als dem Till. Dann sagte er: „Nun kommen wir meiner entscheidenden Erkenntnis immer näher, liebe Näher. Wenn ihr also den Faden in der richtigen Länge abgeschnitten oder abgerissen oder abgebissen habt, dann fädelt ihr ein Ende mit ruhiger Hand durch das Nadelöhr, das sich am nichtspitzen Ende der Nadel befindet. Ist euch das geglückt, dann könntet ihr mit der eigentlichen Tätigkeit des Nähens beginnen, aber ich rufe euch zu:
Halt!
Näht noch nicht!
Wir kommen zum Höhepunkt meiner Ausführungen, zu der nützlichen Entdeckung, die ich gemacht habe. Also..."
Till machte eine bedeutungsschwere Pause. Die wenigen wachgebliebenen Schneider rüttelten ihre eingeschlafenen Nachbarn. „Jetzt kommt's", wisperten sie sich zu. Alle Zuhörer spitzten die Ohren. Till verkündete:
„Also, Freunde, ehe ihr nun mit dem Nähen beginnt, sollt ihr ein Ende des Fadens zu einem Knoten knüpfen. So hat der Faden keine Gelegenheit, durch das Nadelöhr zu entwischen. Anderenfalls macht ihr möglicherweise

manchen Stich umsonst. Und nun danke ich allen Anwesenden für die mir geschenkte Aufmerksamkeit, wünsche euch einen guten Heimweg und daß ihr das bei mir Gelernte nutzbringend verwenden möget."
Till verbeugte sich.
Ganz kurze Zeit waren die Schneider sprachlos. Dann begann ein wütendes Gebrüll. Einzelne Schneider schrien:
„Betrug!"
„Narretei!"
„Dafür habe ich den weiten Weg gemacht!"
„Das haben wir alle längst gewußt!"
„Schon seit mehr als tausend Jahren machen Schneider Knoten in die Fadenenden!"
Till aber überbrüllte den Lärm: „Ruhe! Ihr sagt also, seit mehr als tausend Jahren beherrschten die Schneider das bedeutende Kunststück, den Faden durch einen Knoten vor dem Entschlüpfen zu sichern? Oh, wenn ihr wüßtet, wie viele Weisheiten in tausend Jahren verlorengehen, wenn nicht hin und wieder weise Männer daran erinnern würden. Dankt mir, daß ich diesen wichtigen Schneidertrick vor dem Vergessen bewahrt habe. Dankt mir!"

20 Die Menschen trugen in jener Zeit Fellmäntel, weil es Wärmeres nicht gab. In einem Winter waren Mäntel aus Wolfspelz in Mode. Till taten die Wölfe leid, die dafür sterben mußten, aber auch die Bären, die Hasen und Hunde, Katzen und Maulwürfe, ja sogar die Mäuse. Allerdings mußte sich damals niemand sorgen, daß eine der Tierarten aussterben würde: Jagdwaffen und Jagdmethoden waren noch nicht so vollkommen wie heute. Till ärgerte sich darüber, wenn er einen dicken Mann oder eine faule Person in der Haut der mutigen, starken Wölfe herumlaufen

sah. Aber das war ihm nur bissige Worte wert, keinen besonderen Streich. Mehr noch erzürnte den Till, daß geschäftstüchtige Handwerker Wolfspelze fälschten, daß sie sich von Hundefängern Hundefelle bringen ließen, diese färbten und frisierten und dann als Wolfsfelle verkauften.

Als Till von einem Kürschner erfuhr, der solchen Schwindel betrieb, beschloß er, diesem eine Lehre zu erteilen.

Man könnte meinen, daß niemand mehr einen solchen Kerl wie den Till beschäftigen würde. Aber Arbeitskräfte waren knapp. Und gerade diesem Kürschner fehlte dringend ein Geselle, weil plötzlich so viele Leute bei ihm die billigeren Wolfsmäntel – die ja gar keine waren – bestellten.

Als also auf dem Markt der Till den Kürschner fragte, ob er Arbeit für ihn hätte, er wolle auch für halben Lohn arbeiten, bräuchte nur wenig zu essen, wäre mit einem ungeheizten Schlafplatz zufrieden, da sagte der Kürschner:

„Ich will es mit dir versuchen, Till. Du kannst sofort bei mir anfangen, weil in der nächsten Woche vier Fellmäntel fertig sein sollen. Ich muß noch einkaufen, aber du kannst schon vorausgehen. Am Ende der Kirchstraße ist mein Haus. Du kannst es nicht verfehlen. Wenn du ein Haus mit grünen Fenstern siehst, da gehe hinein!"

Till wußte, wo das Haus war. Er ging geradewegs hin und nicht durch die Eingangstür, sondern klirrediklirr durch die grünen Fenster hinein.

Natürlich war sein neuer Herr wütend, schimpfte: „Das ziehe ich dir vom Lohn ab.“ Worauf Till lamentierte: „Du hast gesagt, ich solle hineingehen, wo die grünen Fenster sind.“ Aber der Kürschner war so froh, eine Hilfe zu haben, daß er den Till behielt. Till blieb und dachte: „Diesem Betrüger werde ich noch einige Felle wegschwimmen lassen, ehe er mit Wohlgefallen meinen Rücken sehen darf.“
Auf eine Gelegenheit mußte Till nicht lange warten. Der Meister war am Abend müde, sagte, er wolle ins Bett gehen, um am nächsten Morgen wieder früh und tüchtig mit seinem Werk fortfahren zu können. Er warf dem Till noch einige Hundefelle hin, befahl: „Mach da Wölfe draus!“ Dann verschwand der Meister.
Und Till machte sich an die Arbeit. Er schnitt die Felle in Teile, wie er sie brauchte, nähte sie zusammen zu zwei großen Bälgen. Die stopfte er mit kleingeschnittenen Fellresten aus, sägte von zwei Stühlen die Beine ab, stellte die Bälge darauf, pulte einer teuren Sofapuppe die grünen Glasaugen heraus und setzte sie dem einen seiner Geschöpfe ein. Für das andere fand er eine Tasse in der richtigen Farbe, die er zerschlug, um zwei passende Scherbenstücke zu erhalten...
Und Eulenspiegel werkte und schuftete und machte es sich nicht leicht und verdarb alle Felle und zerstörte noch dieses und jenes und schuf zwei gruselige graue Fellgestelle, die Wölfen täuschend ähnlich sahen. Er baute seine Werke sorgfältig neben dem Kamin auf, so daß man sie von der Tür aus gut sehen konnte, betrachtete sie eine Weile mit Freude und ging schließlich zu Bett.
Im Morgendämmern stand die Magd auf, um das Frühstück zu bereiten, ging an der Stubentür vorbei, schaute schlaftrunken durch die offenstehende Tür, schrie gellend: „Wölfe! Wölfe sind ins Wohnzimmer eingedrungen! Hilfe! Meister! Wölfe!“

Und der Meister kam im Nachthemd, brachte einen langen Spieß mit, stürzte sich sofort durch die Tür auf die Wölfe, stach auf sie ein, daß beide umkippten, dann erkannte er, was und wer ihn da foppte, brüllte: „Till!"
„Sind sie nicht wie echt, die Wölfe? Habe ich Euren Auftrag nicht gut erfüllt? Bekomme ich ab heute dreifachen Lohn?" rief Till fröhlich.
Der Meister drohte mit seinem Spieß. Er konnte nur noch japsen: „Hinaus! Hinaus mit dir! Ich verklage dich!"
„Tut das, Meister!" antwortete Till lachend, während er sein Zeichen an die Haustür malte. „Tut das. Undank ist mein gewohnter Lohn. Wenn Ihr mich verklagt, werden die Richter feststellen, daß Ihr ein Wundertäter seid, weil Eure Wölfe aus Hunden gemacht sind."

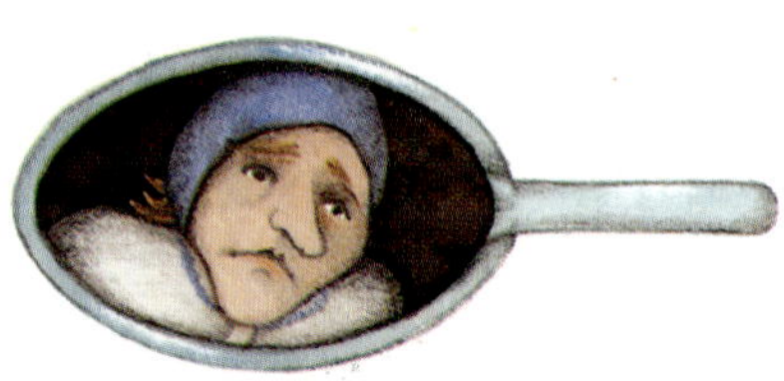

21 Redlich betrieb Till sein selbstgewähltes Narrengeschäft, er war eigentlich recht glücklich dabei. Aber als er älter wurde, dachte er manchmal: „Ich erreiche zu wenig. Manchmal lernen einige Menschen durch mich das Querdenken. Die meisten vergessen es aber schnell wieder. Und wenn ich sterbe, wird man über mich lustige Schwänke erzählen, nicht berichten, um welcher Wirkung willen ich meine Streiche übte. Ich müßte Nachfolger haben, viele Nachfolger. Aber einen Lehrling mag ich nicht nehmen. Schalkhaftigkeit muß angeboren sein."
Zu der Zeit, in der ihn diese Gedanken besonders bedrängten, lebte Till in einer Stadt, deren Bürger ihn ziemlich langweilten. Er dichtete ihnen ein Lied:

Das Lied für brave Bürgersleute

Ach, was sind die Bürger brav!
Jeder trottet wie ein Schaf
hinter seinem Hammel her.
Führt der Hammel ihn ins Meer,
rennt der Bürger hinterher,
hinterher, hinterher,
hinterher ins Meer...

Till sang sein Lied auf dem Markt denen vor, die er meinte. Die klatschten und lachten. Da ging Till an den Fluß und weinte. Lange weinte Till nicht. Er fand einen Sack, wanderte am Flußufer entlang und sammelte Steine hinein, bis der Sack voll war. Er schleppte seine Last vor das Rathaus, öffnete den Sack, schritt die Straße auf und ab, warf Steine nach links und nach rechts, wie ein Bauer auf dem Acker Saatkörner streut.
„Was machst du wieder für einen Blödsinn?" fragten die Leute.
„Ich säe Schälke", antwortete Till.
„Als ob es nicht genug Schälke hier gäbe", lachten die Leute.
„Das verwechselt ihr mit Narren. Von denen gibt es tatsächlich genug. Aber wenn sie aus den Häusern kommen, verkleiden sie sich als Handwerker, Kaufleute, Mägde, Hausfrauen, Bettler, Schweinehirten..."
„Gut, gut!" sagten die Leute. „Warum säst du denn dann nicht vernünftige Menschen?"
„Die wachsen hier nicht", sagte Till.

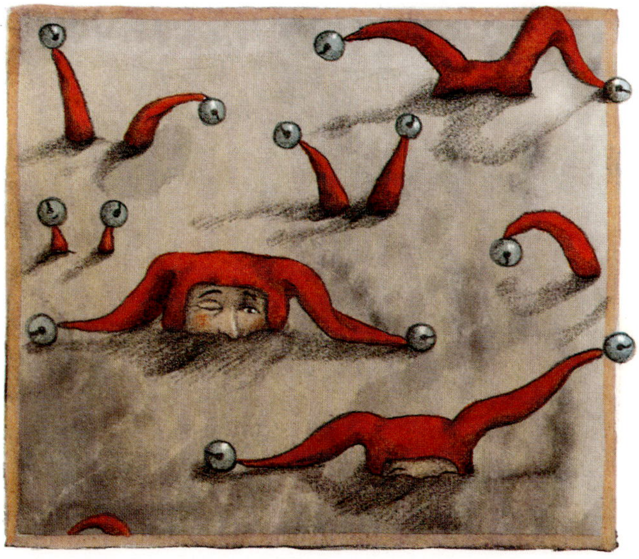

Einige begriffen, daß Till damit behauptet hatte, sie seien alle unvernünftige Narren. Sie verklagten ihn, und dem Till wurde vom Gericht befohlen, seinen steinernen Schalksamen wieder einzusammeln und damit die Stadt zu verlassen. Till befolgte die Anordnung. Einige vorbeieilende Bürger verspotteten ihn. „Die dummen Narren haben solche Angst vor Schalksweisheiten", rief Till. „Sie fürchten wohl, aus Steinen könnten wirklich Schälke wachsen. Wenn dem so wäre, müßten sie das Herz aus ihrer Brust reißen und forttragen lassen. Nun, sie denken halt nichts zu Ende, die Narren!"

22 Als Till Eulenspiegel so um die fünfzig Jahre alt war, zog er nach Mölln. Dort wurde er so krank, daß seine alte Mutter nach Mölln reiste, ihn zu sehen. Till hatte immer wieder seine Mutter besucht, aber weil er bei ihr keinen Schabernack trieb, kommt sie in seinen Schwänken kaum vor. Wenn Till besonders viel Geld hatte, gab er ihr

in Mölln

davon ab. Wenn Till besonders arm war, ließ er sich manchmal auch von ihr verwöhnen.
Die Mutter saß also an seinem Krankenbett und schluchzte, denn sie ahnte, daß Till bald sterben mußte. Das war dem Till arg. Er sagte: „Der Tod ist bitter genug. Du mußt ihn mir nicht auch noch mit Tränen versalzen."
„Rede nicht so. Sage mir ein letztes süßes Wort", jammerte die Mutter.
Eulenspiegel antwortete: „Honig, liebe Mutter. Honig ist ein süßes Wort.
Und jetzt bitte ich dich, nach Hause zu fahren, die Kuh zu melken und die Hühner zu füttern, denn die sollen unter meiner Krankheit nicht leiden. Nimm aber die große Tasche mit, die ich für dich in den Eichenschrank gestellt habe. Öffne sie erst, wenn du an deinem Tisch sitzt. Sie ist schwer zu tragen, aber sie wird dich dein Leben leichter ertragen lassen. Und jetzt gehst du. Lebe wohl, liebe Mutter."
Und die Mutter gehorchte ihrem Sohn, schleppte auch die schwere Tasche mit. Darin waren Tills ganzes Geld und alle Kostbarkeiten, die er hatte, denn Till wußte, daß er davon nichts mehr brauchen würde.
Aber die Menschen in Mölln wußten natürlich nicht, daß Till seine Schätze weggegeben hatte. Sie dachten, er sei reich. Till bekam häufig Besuch, und die meisten Besucher hofften, seine Erben zu werden.
Einmal besuchte ihn ein Geistlicher. Der drängte den Till, vor seinem Tod zu beichten. „Niemand wird von mir erfahren, welche Sünden du begangen hast", sagte der Priester.
„Warum soll es niemand erfahren? Was ich in meinem Leben getan habe, das ist in vielen Orten den Leuten bekannt.
Ich werde öffentlich beichten, und zwar am kommenden Sonntag um drei Uhr nachmittags vom Fenster meines Krankenzimmers aus. Mache das bitte in Mölln und darüber hinaus bekannt."
Am Sonntag um drei drängten sich auf

der Straße vor Tills Wohnung die Menschen. Till schaute aus dem Fenster und hielt folgende Rede: „Zahllose Dummköpfe sehe ich, aber einen klugen Kopf. Zahllose Lügner sehe ich, aber einen

Ehrlichen. Zahllose Ungerechte sehe ich, aber einen Gerechten. Jeder frage sich selbst, ob er normal ist oder ob er zu einer der drei Ausnahmen zählt. Ihr seid gekommen, um meine Narrensünden zu hören, damit ihr über eure eigenen Sünden nicht grübeln müßt. Ich beichte euch: Ich bereue nichts von dem, was ich getan habe. Ich bereue nur, was ich nicht getan habe. Ich bereue, daß ich manchmal den Mund gehalten habe, wenn einer Quatsch oder gar Lügen erzählte. Ich bereue, daß ich nicht jeden Ungerechten mit unvergänglicher Farbe angestrichen habe, damit jeder ihn erkennen kann. Ich bereue, daß ich nicht jede geckenhaft aufgeputzte Person mit stinkendem Schlamm beworfen habe.
Und jetzt, nachdem ich gebeichtet und bereut habe, will ich euch meinen Narrensegen spenden. Und wenn mein Segen einen Falschen trifft, so bitte ich ihn im voraus, mir zu verzeihen." Dann schüttete Till einige Eimer mit schmutziger Brühe, die er sich neben dem Fenster

bereitgestellt hatte, auf die Leute, die in dem Gedränge nicht ausweichen, nicht entkommen konnten.
Till hatte gehofft, daß man ihn nun in Ruhe lassen würde. Aber zu viele rechneten damit, noch etwas von dem Vermögen abzubekommen, das sie bei Till vermuteten. Jeder beteuerte für sich, daß er Tills einziger echter und wahrer Freund stets gewesen sei und ewig sein werde.
„Ich weiß", antwortete Till dann. „Ich weiß. Ich habe Freunde wie das Marmeladenbrot im Sommer Wespen hat."
Vor allem wünschten seine Besucher, er möge sein Testament machen. Da ging Till noch zweimal aus. Zuerst am Nachmittag. Da besorgte er sich eine mächtige Truhe mit Eisenbeschlägen und einem starken Schloß. Dazu drei passende Schlüssel.
Dann heimlich in der Nacht. Da sammelte er Steine. Die füllte Till in die Truhe. Die Truhe schloß er ab. Er setzte ein Testament auf, das er am nächsten Tag seinen Besuchern vorlas: „In dieser Truhe ist mein gesamtes, mühsam gesammeltes Hab und Gut. Ich möchte, daß nach meinem Tod dieses Vermögen gerecht in drei Teile geteilt wird. Einen Teil soll der Rat der Stadt Mölln erhalten, den zweiten die Kirche in dieser Stadt, den dritten meine Freunde, die sich während meiner Krankheit so sehr um mich gesorgt haben und deren Namen ich hier auf dieser langen Liste zusammengetragen habe. Ich gebe nun einen der passenden Schlüssel dem Herrn Bürgermeister für den Rat, einen zweiten dem Herrn Pfarrer für die Kirche, den dritten dem Herrn Apotheker für meine Freunde. Ihr drei sollt drei Wochen nach meinem Tod hier zusammenkommen, gemeinsam die Truhe öffnen, gerecht und ohne Streit den Schatz teilen."

23 Nur wenige Tage nach seiner Testamentserklärung starb Till Eulenspiegel. Zur Beerdigung waren Menschen in großer Zahl erschienen. Viele aus ehrlicher Trauer. Manche, um sicher zu sein, daß dieser Schalk wirklich tot war und begraben wurde. Einige, weil sie noch nicht ahnten, was Till ihnen hinterlassen hatte.
Feierlich wurde der Sarg zum offenen Grab getragen. Musikanten spielten, Frauen weinten, Kinder trugen ihr Lieblingsspielzeug mit sich. Als der Leichenzug anhielt, wurde der Sarg auf bereitgelegte Seile gestellt – ein Seil kam unters Kopfende, ein anderes unter die Füße von Till. Die Seile wurden angehoben, der Sarg über die Graböffnung geschwenkt. Langsam sollte der Sarg in die Erde hinabgelassen werden. Da riß das Seil am Fußende. Rumms! sauste Till abwärts, so daß er in seinem Sarg im Grab auf die Füße zu stehen kam.
Anfangs waren die Trauergäste erschreckt. Dann sagte einer: „Wir sollten ihn stehen lassen. Wunderlich war dieser Mensch im Leben. Wunderlich will er auch im Tod sein."
„Und wenn er im Grab steht, kann er auch schneller heraushüpfen, wenn er gebraucht wird", sagte ein anderer.
Da lachten die Anwesenden erst leise, dann laut – und das hätte den Till bestimmt gefreut, daß auf seiner Beerdigung gelacht wurde.
Drei Wochen später aber verging einigen Bürgern von Mölln das Lachen, als sie nämlich die Truhe öffneten und so von Till zum letzten Mal genarrt wurden.
Jeder sah mißtrauisch auf die beiden anderen. Der Pfarrer meinte, der Bürgermeister habe die Truhe heimlich geöffnet und den Schatz gegen Steine ausgetauscht. Der Bürgermeister beschuldigte den Apotheker. Der Apotheker traute diese Tat dem Pfarrer zu. Und sie gerieten in immer heftigeren Zorn und stritten mehrere Tage hintereinander, ehe sie merkten, daß Till ihnen mit seinem Testament noch eine Lehre erteilt hatte.

Nordsee
Lübeck
Ostsee
nach Dänemark
Hamburg
Mölln
Bremen
Oldenburg
Lüneburg
Weser
Hannover
Braunschweig
Hildesheim
nach Rom
Saale